Todos los libros de Linkgua Ediciones cuentan con modelos de Inteligencia Artificial entrenados por hispanistas. Pregúntale al chat de tu libro lo que desees acerca de la obra o su autor/a.

Para ebooks: Accede a nuestro modelo de IA a través de este enlace.

Para libros impresos: Escanea el código QR de la portada con tu dispositivo móvil.

Obtén análisis detallados de nuestros libros, resúmenes, respuestas a tus preguntas y accede a nuestras ediciones críticas generativas para una experiencia de lectura más enriquecedora.
La transparencia y el respeto hacia la autoría de las fuentes utilizadas son distintivos básicos de nuestro proyecto. Por ello, las respuestas ofrecen, mediante un sistema de citas, las fuentes con las que han sido elaboradas.

Juan Francisco Manzano

Poemas

Barcelona **2024**
Linkgua-ediciones.com

Créditos

Título original: Poemas.

© 2024, Red ediciones S.L.

e-mail: info@linkgua.com

Diseño cubierta: Michel Mallard

ISBN rústica ilustrada: 978-84-9897-269-6.
ISBN tapa dura: 978-84-1126-094-7.
ISBN ebook: 978-84-9897-498-0.

Sumario

Créditos 4

Brevísima presentación 9
  La vida 9

Mis treinta años 11

A la Luna 13

Notas 19

La música 21

El reloj adelantado 25

La cocuyera 27

Ilusiones 29

Soneto. Su nombre 33

Anacreóntica 35

En Matanzas desde el puente de San Juan mirando a Pueblo Nuevo, después de diez y siete años pasados 39

Décima 41

A don Domingo del Monte 43

En el feliz alumbramiento de la serenísima infanta doña María
Isabel Luisa de Borbón		47

Oda. A la religión		55

Soneto. Publicado el día 23 de marzo de 1833		59

Romances cubanos		61

I. El desafío		63

II. La guajirita		67

III. El joven desconocido		71

IV. El amante quejoso		73

V. Leonardo y Panchita		77

VI. El feliz suceso		79

En la muerte de la Señora doña María de la Luz de Zayas y Justiz		83

Un sueño		85

A Jesús en la cruz. Octavas		93

El juramento		97

Templó la lira el dolor		101

La mentira		105

Oda (Atribuido a Manzano)   107

Parecía decir con voz risueña   109

En la muerte del señor don Nicolás de Cárdenas y Manzano   113

Soneto (Atribuido a Manzano)   115

Libros a la carta   117

Brevísima presentación

La vida
Juan Francisco Manzano (1797-...). Cuba.

En algún día del mes de agosto de 1797 nació, esclavo, el primer hombre de piel negra que leyó en público en Cuba sus propios poemas. Se trataba del soneto «Mis treinta años», leído en la tertulia de Domingo del Monte en 1836 y publicado un año después. El poeta tenía cuarenta años y cierta fama lo había precedido en aquella incursión. Quince años atrás había publicado con licencia de sus amos, Cantos a Lesbia en 1821 y luego, en 1830, Flores Pasageras (sic), de los cuales no se conserva ni un solo ejemplar. De aquella lectura y del interés de Del Monte surgió la idea de recaudar los 850 pesos que exigió la dueña para comprar la libertad de Manzano, de modo que en 1837 era ya libre cuando fueron publicados en El aguinaldo habanero los sonetos «A la ciudad de Matanzas» y «Mis treinta años».

De aquella lectura del año 1836 salió también la proposición de Del Monte para que el esclavo escribiera su autobiografía. Su primera parte fue publicada primero en inglés gracias al interés de Richard R. Madden, quien tradujo una copia corregida por Anselmo Suárez y Romero. Solo mucho después apareció la versión original.

La segunda parte de la Autobiografía de Manzano se perdió.

Mis treinta años

II

Cuando miro el espacio que he corrido
desde la cuna hasta el presente día,
tiemblo y saludo a la fortuna mía
más de terror que de atención movido.
Sorpréndeme la lucha que he podido
sostener contra suerte tan impía,
si tal llamarse puede la porfía
de mi infelice ser al mal nacido.
Treinta años ha que conocí la tierra;
treinta años ha que en gemidor estado
triste infortunio por doquier me asalta;
mas nada es para mí la cruda guerra
que en vano suspirar he soportado,
si la comparo, ¡oh Dios!, con lo que falta.

A la Luna

Oda

¡Oh! Luna: deidad que el ser supremo
Sustenta a par del Sol, de cuya frente
Nace tu luz de paz, cuando al extremo
Del ocaso profundo
Ledo parte; ya el mundo
Tu sola tennidad llena clemente
De inefable placer, y el alma mía
Por tu regia mansión su canto envía

Ora tus gracias todas a mis ojos
Brillan, de amenidad y de belleza
Vivificando grata los manojos
De las distintas flores
Con que en tragantes olores
Con tu influjo vertió naturaleza
Cuyos pensiles ínter bien declinas
Embazaman la estera que iluminas

Así siempre de Cuba al venturo
Climas derrames tu candor divino,
Y en pura calma y en perenne gozo
Desde el dulce Almendares
Te sigan los cantares
De la paz, del amor, y buen destino
Que ofrece al Bardo que sus linfas besa
Virtud, inspiración, y fortaleza.

Cuantas tranquilas noches esquivando

El sueño, te admiré; bajo algún sauce
La pensativa frente reclinando
Helaba a tus reflejos,
Y oliendo desde lejos
El espumante hervir del hondo cause
Do fragoroso Agusti despeñaba
¿No fue allí tu deidad quien me inspiraba?

Benéfica impresión yo te saludo
Por cuanto se dilata la corriente
Que llevó con mi edad el tiempo mudo
Volaron los floridos
Años que ya perdidos
En vano busco con tu luz presente
Mas ¡hay! de tus mismos movimientos
Renacen mis pesados pensamientos

Contemplándote allí mi mente inculta
Osó juzgarte centro indivisible
De otro mundo, quizá donde se oculta
Bajo profundo arcano
De este genero humano
Otra especie tan pura cual sensible
Cuya sabiduría luminosa
En la esencia inmortal de Dios se goza

No verán fuerte y elevado muro
Donde la fuerza ostenta su ufanía,
Ni quien provoque a lid marchando impuro
Ante el cañón violento,
Mortífero instrumento
Que la guerra abortó con saña impía

Ni el torrente fatal de armas lucientes:
Triste devastación de los vivientes.

Vida, paz eternal, gratas mansiones,
De bien aventurados cuyos ojos
Divinos climas ben; no abran pasiones
A que el alma sucumba
Ni temerá en la tumba
De fugases placeres los despojos
Trémula abandonar con cuanto quiere
Por que el genio del mal allí no hiere

Tal yo decía; pero en mi bebiendo
No alié en tu magnitud la patria digna
De la prole de Adán, esta corriendo
Los campos de la tierra
Su corta vida encierra
Donde infalible el cielo la destina
O a báratros profundos condenada
O al reino del señor por siempre aisada

Que han sido ya donde se hundieron
Las delicias de Edén, la hermosa exena
De paz y de ignosensias en que fueron
A perfección creados
Y a la vida llamados
A quel felice par de quienes llena
La tierra con diversas produsiones
De tantas cartas pueblan sus regiones.

Pálida, temblorosa y tristesida
Desde lo alto del inmenso cielo

Visteis del primer hombre la caída
Ya miserable humano;
Allí sensible en vano
Por no mirar al dolorido suelo
Sin vigor a su ocaso el Sol se hundía
Y tu luz a su falta sucedía

Si: el eco omnipotente en sus destinos
El fallo pronunció... el Edén arde
Y acosado de ardientes querubines
Todo pavor derrama
Y en llanto Adán exclama
Clemencia ¡Oh Dios!... mas ya fue tarde
Serróse el paso a su benigna suerte
Y abriéronse las puertas de la muerte

Entonces ¡Ay dolor!... del misterioso
Caos de adversidad al fin salieron
Todas las causas de inestable gozo
Y en ora mal hadada
Cual plaga infortunada
Al mundo con el hombre descendieron
Do hasta al último aran fiel testigo
De la culpa fatal, ¡fatal castigo!

Desde entonces acá! cuántos trofeos
Y triunfos de naciones eminentes
Contemplarás en tristes musuleos
Bajo helos luctuosos,
Y en paramos tristosos,
Donde fueron las glorias preeminentes,
Con el bullicio mundanal a ralla

Que en soledad perpetua todo calla.

De Egico, Babilonia, Trolla, y Tiro,
Las soberbias pirámides en vano
mísero busco; por doquiera miro
Columnas misteriosas
En ruinas lastimosas
Donde grabó del tiempo la alta mano
Sublime horror; y al recorrer la historia
Emblemas mudos de la humana gloria

Así en helada noche silenciosa
Efímero consuelo de almas tristes
Osé pensar ante tu faz donosa:
Y en mis meditaciones,
¿Cuántas revelaciones
Desde tu inmensa cumbre me ofresites?
Tiempo fugaz, eternidad sombría
Desde do nace hasta do muere día.

Solo tu beldad siempre inmutable
Sobre el basto trastorno de las cosas
Ostenta el mismo ser, más armirable
En la noche querida
Que el Sol cuya esendida
Llama fecunda ardiente y calurosa
Leer nos priva en su estructura eselsa
Del supremo hacedor la alta grandeza

¿Quién osado una vez alzó sus ojos
Para armirarle en su esplendente vía
Que no pagó sin vista sus arrojos?

Mas ¡Ay! cual si te mira
Dulzura no respira?...
Pues tu encanto belleza y ufanía
Modelos son de admiración bastante:
Ellos serán mi objeto en adelante.

Notas

Agasti: El río de San Agustín de la Florida que atraviesa por el asiento del Molino famosa hacienda de mi señora la marquesa de Prado Ameno, en Matanzas.

Linfas: así he llamado las cristalinas aguas de los ríos.

Renacen mis pasados pensamientos: alude a la idea de algunos astrólogos sobre haber habitantes en la Luna y ser un cuerpo opaco semejante al de la tierra por lo que juzgo por un instante que son nuestros semejantes pero inmortales y libres de todas nuestras pasiones.

O a báratros profundos condenada: dos destinos esperan al hombre en verdades eternas, el cielo o el infierno.

Y acosado de ardientes querubines: según algunas tradiciones sagradas, cuando el señor arrojó del paraíso al primer hombre ya manchado de la culpa mandó una multitud de querubines con espadas de fuego por todas partes acosándolos para que tomasen el camino del mundo sucediédoles una noche tenebrosa que les hizo perder para siempre la senda de aquel lugar de delicias

> ...Del misterioso
> caos de adversidad al fin salieron
> todas las causas de inestable gozo

Juzgo que desde este momento nacieron igualmente con su desgracia todos los males de la vida

Esta oda es un fragmento del original extraviado en 1820 de algunos trozos traídos a la memoria y algunos pedazos de borradores.

La música

21

Detén la diestra mano encantadora,
angelical mujer, álzala en tanto
que entusiasmado tu bondad implora
tu más débil cantor. ¡Sí, Delia hermosa!
Torne a su ser el alma que extasiada,
incierta discurría
bajo el impulso y grata melodía
que gustar hace el plácido instrumento,
cuando en lozana juventud te admiro,
cual aquella deidad que al casto coro
sublime encanta con el arpa de oro
¿Por qué no es dado a mi infeliz estrella
fácil ahogar el dulce sentimiento
de vida, de amistad y de contento
que inspira la beldad modesta y pura?
Entonces, sí, callara; y silencioso,
con el oyente tibio confundido,
y a ti desconocido,
de la Música el estro poderoso
no descubriera en ti. Mas, ¡ay!, Natura
de un alma me dotó tierna y sensible
al mágico entusiasmo irresistible
que experimenta juventud florida,
cuando el aura de dicha respirando,
descuella por los campos de la vida,
de la belleza en pos, placer buscando.
ya en el teclado armónico te siento,
marcando los compases
con celestial impulso... ¿En tal momento

bañado en dulcedumbre y alegría,
yo inerte, inanimado,
lleno de desamor el pecho helado
contemplarte podré? ¡No, Delia mía!
Cuando tu grato nombre
de labio en labio la amistad llevaba,
como décima Musa te invocaba:
de este feliz renombre,
que en sus alas el mérito levanta,
mucha suma esperé, pero no tanta.
Con sensaciones tales
música y poesía me inspirabas,
en tanto que ignorabas
cuánto a tu influjo tu cantor sentía.
Tus manos, ¡ay! tus manos
me hicieron conocer que aún existía
dicha inocente entre los goces vanos
que nos llevan en pos, y precipitan
en caos de dolor, do siempre tarde
recuerda el triste que en pasiones arde.
¡Feliz aquel mortal que siente y pinta!
Así dos veces una dicha goza,
si la inocencia pura
tributa candorosa
del ingenio al pincel la hermosa tinta
que a la Verdad tan solo pertenece.
Mi labio tal te ofrece,
no el fuego devorante
de un simpático amor... ¡Ay! ¡Yo tu amante
nunca, Delia, seré! Naciste bella,
parda virgen que ciego idolatrara;
cuyo candor a mi color uniera

como ingenioso artífice entrelaza
el morado clavel a la violeta.
Mas el Destino, la razón prudente,
el cielo todo ofuscan, do mi estrella
sin fortunada luz a oscuras pasa
Pero no pudo rigoroso el hado
privarme del placer que experimento
cuando al impulso de tus manos siento
que, herido el diapasón, te corresponde
la métrica cadencia, la sublime influencia,
la dulce magia que tu esfuerzo esconde.
¡Oh, magia!, cuyo efecto poderoso
me comunica el entusiasmo ardiente,
el volcánico ardor que hace a la mente,
por un mundo ideal, en fervoroso
rápido vuelo, alzarse, y los concentos
de los celestes coros melodiosos
endiosado gozar...
Cuando inspirado
de fuego celestial, las cuerdas de oro
ante el pueblo de Dios David pulsaba,
y hasta el Eterno en cántico sonoro
inmaculados tonos levantaba,
¿quién tan sublime impulso a su arpa diera?
Por ti. Genio divino,
se hizo eminente el inmortal Rossini,
cuando del Sena el curso suspendiera
con nunca oídos tonos, encantando
con su influjo y poder a Europa entera.
Yo, al pintar tan patética dulzura
en ti, Delia inocente,
respiraba este afecto de ternura:

y en la encendida, arrebatada mente
larga rienda soltando al pensamiento,
¡oh, cuan digna te hallé del canto mío,
y cuan bella también!
Pero callaron
ya las templadas cuerdas. ¿Dónde fueron
la divina expresión, el mago canto
y la destreza más que sobrehumana
que cautivó sensibles corazones?...
Terminaron también mis ilusiones
como si de un ensueño despertara...
Yo entonces, conmovido
de un no se qué de gratitud grandiosa,
en mi transporte al colmo me elevara;
y de allí arrebatado en la ardorosa
idea que aún halaga mis sentidos,
mis labios en tus labios estampara;
fuera de mí, perdido,
a morir a tus plantas me arrojara.

El reloj adelantado

En vano, reloj mío
Te aceleras y afanas.
Marcando silencioso
Las horas que no pasan;
Si, aunque veloz el tiempo
Como el viento se escapa.
Jamás el Sol brillante
De sus límites pasa
El con dedo de fuego
Las verdades señala,
Y en las reglas que fija
Ni un solo punto falla.
Si hurtando los momentos,
A mis ojos engañas,
No por eso este día
Mas brevemente pasa.
Pero si un mal interno,
O de tus ruedas varias
Los aguzados dientes
Te muerden las entrañas;
Aprende de mi pecho,
Que en tal fatal desgracia,
Por ser igual al tiempo
De lágrimas se baña.
Mas ¡ay! que no me entiendes,
Ni en tu carrera paras,
Tal vez horas buscando
Menos duras y amargas
Tus pasos desmedidos,

Tu acelerada marcha,
Todo sigue, y demuestras
Una ofensiva causa;
Y en tan discorde curso
Ya a mi dolor iguala?,
Que con el largo tiempo
Siempre mas se adelanta.

La cocuyera

Un incauto cocuyo
Revolaba brillando,
Ya del prado a la selva,
Ya de la selva al prado.
Libre cual mariposa
Hendiendo el aire vago,
Liba en vírgenes flores
Jugos almibarados
Ora esplende, ora oculta
Del fósforo inflamado
La luz a que no cabe
Color acomodado.
¡Cómo vuela invisible!
Lucero es ya bien claro:
Si puesto se oscurece,
Presto ilumina el campo
En vano los mancebos
Le siguen anhelando.
Con teas encendidas.
El placer de tomarlo,
Pues revolando en torno
Al silbo suave y blando,
Vuelve la luz en niebla,
Se pierde entre las masas:
Y en la frondosa capa
De un florido naranjo,
Opaca luz despide
Dejándolos burlados
Entonces Niña bella,

Gloria y honor del campo,
Envidia de las flores,
Delicia de su amado,
Toma la cocuyera,
Que con curiosas manos
Labró en felices días
Su tierno enamorado,
Y en alto suspendiendo
Tan bellísimo encanto,
La mueve, y mil cocuyos
Alumbran encerrados.
«Baja, le dice, baja,
Que en mi amante regazo
Cañas dulces te ofrezco,
De cañutos dorados:
Dormirás en mi alcoba
Mi aliento respirando;
Serás de mis amores
Confidente sagrado.»
El fúlgido cocuyo
Placido susurrando,
Vuela, desciende y toca
Sobre sus mismos labios;
Probó la miel hiblea,
Con que amor ha endulzado
Los divinos claveles,
Honor del cutis blanco
Del nuevo prisionero
Celebrase el hallazgo,
Y en la prisión contento
Brilla que es un regalo...

Ilusiones

Por qué ¡triste de mí! vuelve en mi pecho
A arder de la pasión más poderosa
La ardiente llama que apagar protesto?
Pretendo en vano repelerla en vano!
Que mas rendida la afición, al alma
La imagen de continuo le presenta
De aquel bien ideal que la seduce...
Sí, yo la vi una noche... ¡Cuán hermosa
Me pareció esta vez entre otras bellas!
Mas de un afecto tierno que hasta entonces
Ignorado me fue —sentí en el alma,
La dulce agitación del seno o
El plácido latir, y el grato anhelo
De vivir para amar y ser dichoso,
Y a la dulce esperanza abandonado;
Iba a arrastrar el peligroso empeño
De dicha o de pesar más fueme fuerza
Admirar la beldad de la que amaba.

Piano y canto dijeron: canto, canto;
Entre alborozo repitieron todos,
Y a la voz del contento seductivo,
Cual sale Diana en la celeste espera
Alzada por su luz plácida, hermosa,
El estrellado coro presidiendo,
Paróse, y paróme aquel conjunto
De femeniles prendas naturales,
Donde en cuerpo y alma se ostentaba
De un genio angelical el estro santo.

La tierna, juvenil, hermosa frente
Cual nítida amapola, los cabellos
De ébano-lustroso perfumado,
Las mejillas de rosas y violetas,
Los negros ojos y purpúreos labios,
El aire fino de garboso talle
Que ostentaba en su andar nada lascivo,
En un rincón de Cuba me ofrecían
Un ser divino bajo humana forma.
Abrasado ¡ay de mí! con vista inquieta
Hasta el piano la sigo rebosando
De júbilo interior, cual jovencillo
Que en las praderas de mi patria trisca
En pos de las pintadas mariposas;
Llega a la multitud que le deleita.
A todas las contempla, y solo a una
Por su belleza singular prefiere;
Mas mientras cata la dudosa presa,
Con anhelante vista y tierno gozo
Obsérvala posada entre las flores
Sin osar ni aun mover la manesita,
Temiéndola perder si el punto falla:
En igual actitud yo la admiraba,
Cuando volvió la frente rebosando
En juventud festiva y dulcedumbre;
La blanda risa se asomó a sus labios,
Girando en derredor una mirada
Tierna, profunda, prolongada, intensa,
Y al movimiento que en mis ojos para,
Como buscando en ellos algo suyo,
Parecióme decían misteriosos
Un —yo te amo— en lo interior del alma.

Deslumbrado al fulgor de astros tan bellos
Quedé inmóvil, corrido, cual se queda
En tenebrosa noche el caminante
De improviso relámpago sorpreso
En esta situación que sola cabe
Al ánimo sensible apasionado,
De su voz los acentos esperaba
En dulce arrobación perdida el alma.
¡Oh! mísero del hombre, que arrojado
Tras la ilusión superficial del mundo,
Vaga como zunzún de flor en flores
Libando de mil cálices las mieles:
¡Miserable afanar! en la inconstancia
Solo cifra su encanto sus delicias,
Y en tan voluble condición no prueba
Cierta dicha sin par, cuyo deleite
De aquel afecto inexplicable mana
De amar eternamente en un objeto
Juntas a la virtud y a la belleza.
Tal distraído en mi interior pensaba
Cuando un preludio del sonante piano
Despertó mi atención: bajo sus dedos,
Cuyo dorado cutis centelleaba
Al fulgor de brillantes piedrerías,
Las teclas se oyen modular heridas
De una soberbia actriz...
Fuera entonces de mí con noble arrojo,
Así le hablaba en mi silencio el alma:
«Toma mi corazón y un solo instante
Concédeme en que amor jurarte pueda,
Y hasta el pié del altar fíeles partamos...»
Al punto en mi agitada fantasía

Todo se allana, y a mi ardiente vista
El florecido suelo se embellece
Por nuncio de mi bien: del templo santo
Las poderosas encumbradas puertas
Crujen, girando sobre fuertes gonces;
Y abiertas de improviso, junto al ara;
Del Dios de la verdad nos encontramos;
Nuestras trémulas manos entrelaza
Un fiel ministro, y la sagrada fuente
Bendice del placer... férvido entonces
De mi cariño y gratitud en prueba
Tomo otra vez la bienhechora mano,
La acerco al corazón, donde la ofrezco
De mi eterna pasión la fe más pura
Por la virtud y la amistad creada...

¡Oh Dios! no más! no más! porque recuerdo
De mi dulce ilusión ¡oh Delia mía!
Del cielo imploro la constancia y fuerza
Para triunfar de mí. Escucha Delia,
La voz de un corazón que lidia y vence,
Y la santa virtud le rinde el triunfo.

Soneto. Su nombre

33

En placido silencio contemplado
Nunca a los labios volarás del pecho,
¡Oh dulce nombre! a cuyo dueño he hecho
Fiel juramento de guardar sagrado:

En paz perenne por amor velado
Goza en mi corazón libre de asecho,
Depósito feliz, do el lazo estrecho
De mi fidelidad fue consagrado;

Si halla del alma en el eterno fondo
Fe pronuncia una vez, será un instante
Que prolongue el raudal de mi existencia

Y así por siempre la verdad que en hondo
Silencio abisma mi pasión cortante,
Conservará mi gozo y su excelencia.

Anacreóntica

35

Volad tiernas letras
Volad hijas mías,
Las alas batiendo
Que esta pluma os fía:
Salid de la cuna
Do en míseros días,
Mis ojos os vieron
Por amor nacidas
Huid cual cefirillos
Que suaves se animan
Y amorosos pasan
Las alcobas frías:
Llegad silenciosos
A par de sumisas
Por donde peligren
Vuestras palabrillas:
Cuidad no tropiecen
Con la atroz malicia
Que siempre inhumana
Fulmina la envidia:
Seguid en la corte
Vuestras cortas vidas.
Mas ¡ay! que estas sean
Donosas sencillas.
Esquivando aplausos
Honor y otras miras.
Que el genio parlero
De la fama brinda:
No los templos cuenten

Que el poder avita,
Pues siempre en sus atrios
El débil peligra:
Ni tampoco las sienes
De lauros ceñidas,
Por que son de Marte
Gloriosas dadivas:
De amor, de amor solo
Llenad vuestros días
En plácidas horas
De amistad sencilla:
Aya os digo, donde
Fue de mis delicias.
El único tiempo
Feliz de mi vida:
Y así cuando gocen
Con envidia mía,
Tan pura ignosencia
Tan dulces caricias:
Estando en las manos,
En las manos lindas,
De aquella a quien llamo
Solaz de mi vida:
Las diréis que libre
Mis pobres letrillas,
De los que rabiosos
Por morderlas lidian:
Pues si a ella sola
Mi afecto dedica,
Sus tristes tareas
En gratas poesías;
Que de los sapientes

Oculte las rimas,
Lugar nunca dando
Que os oigan y rían:
Y en amante gozo
Con vosotros fina
Repita mis ecos
La amorosa mía.
Volad tiernas letras
De amor producidas,
Por los altos pisos
Que mi amor avita.

En Matanzas desde el puente de San Juan mirando a Pueblo Nuevo, después de diez y siete años pasados

Testigo un tiempo campo venturoso
De tu maleza fui, manglar y uvero
Mezclarse ufanos contempló el viajero
Que transitó tu suelo montuoso:
Mas hoy en vano desde el puente año[ro]
Las dulces uvas, ni el pajizo alero
De la abatida choza do el montero
Su indigencia ocultó, busco curioso;
Selva, montana y campesina sombra
Cedieron a la hoz y a la hacha dura,
Dejando un pueblo donde monte había
Transformación feliz en que se asombra
El genio armirador de tu ventura,
Salud mi tierna emulación te envía.
Diciembre 183[]

Décima

41

Pepa tu labio rendido
Comprarme intenta el recreo,
Pues complacerte deseo
Me has de dar lo que te pido:
Tu anhelo verás cumplido
Sin ir a fines perversos,
Y en sentimientos diversos
Quedando el trato completo
A darte me comprometo
Por cada beso diez versos.

A don Domingo del Monte

43

Cual hoja que caída
Del dorado pimpollo,
Murmulla con el viento
Por entre el verde soto:

Y yendo sin asilo
Rodando sobre abrojos,
Seca, y desamparada
De aquel primer apoyo;

Aquí la oprime un leño,
Allá la agita el noto,
O al prado va arrastrada
Del huracán lluvioso:

Y en inclemencia suma,
y en continuos trastornos,
ya el hombre, ya el ganado
La pisan poderoso:

De las adversidades
Sufre así los arrojos,
Hasta que al fin se asila
Bajo un robusto tronco,

Do el saludable amparo
Sosiega aunque0animoso,
Resuenen en la selva
Los selvadores notos.

Tal ay! mi musa objeto
De ejemplos lastimosos,
Modulando desgracias
con aflictivos tonos:

Hollaba con sus penas
Breñales espinosos,
Descontando del tiempo
Los míseros períodos:

Cuando las tristes quejas
Oyendo cuidadoso,
De emulación sensible
Dieron muestras tus OJOS:

Placer, candor, terneza
Se estamparon al rostro,
Mostrando los afectos
Del genio bondadoso:

Y viendo ante ti puesto
A un hombre triste y solo,
Contemplas los anales
Del cantor congojoso...

Mas cual tu gloria ha sido?
—Dulcificar su lloro
Cual noche a quien sucede;
Feliz día lumbroso

Y será por ventura

Que pueda en blanco ocio,
Del sueño al dulce halago
Rendirme silencioso?

Jamás: en altas voces
Mis sentimientos todos,
A Del Monte invocando
Diránme haciendo coro:

«Conservad, justos cielos,
»Para modelos de otros,
»Un corazón tan bello
»Tan noble y generoso.»

En el feliz alumbramiento de la serenísima infanta doña María Isabel Luisa de Borbón

¡Oh diadema!... alto bien, claro conjunto
de majestad y luz, blasón y vida,
conque el poder en divinal trasunto
sublime colma a la beldad ungida.
Tu excelsitud magnifica a mi mente
llena de admiración y la deslumbra,
cual si de un Sol en la radiosa frente
osara contemplar. —¿No tal te encumbra
entre augusto esplendor el numen regio
alzando por do quier el privilegio
de su alta majestad. —¡Salud oh! reina!...

¿Qué te sorprende, musa, qué dudosa
casi callando, trémula te advierto
falta de inspiración? ¿La voz acaso
de tan sublime objeto
torna tu canto en turbación medrosa?
¿No es reina, pues, la idolatrada esposa
del monarca español, a cuyo lazo
un plausible deber mi frente inclina?
¿No es ella ya la que su faz divina
del Sebéto feliz en la ribera
bañó en lo prematuro de su infancia,
y viene a ser de la nación ibera
por delicia y amor sacra fianza
de una ilustre simiente que ya brota?
¡Cuan da del cáliz de la vida, nota,
ser a quien nunca, sin su ser hubiera

de la nada salido!
Oh!... no más timidez... une al respeto
de mi entusiasmo la hervorosa llama,
y a par de cuanto inflama
el júbilo común de un pueblo amante,
haz que mi aliento su ventura cante.

¡Salve, ilustre deidad!... Alma Cristina,
solaz y gloria del hispano gozo!
¡Salve, oh! aurora de arrebol donoso
para Cuba también, que en placer arde
de su fidelidad haciendo alarde!...
Desde el claro cenit en que elevada
sobre el orbe español la matutina
beldad encantadora,
enseñoreáis pacífica bañando,
de benéfico albor pueblos felices;
todo inspirado en gratitud te aplauda,
todo se goce en tu candor ameno,
todo te rinda vasallaje eterno,
cual hoy están en plácida armonía
por tan plausible origen discantando
la lealtad, el amor, la poesía.

Respira, ó madre de Isabel, y cuente
en otro tan feliz advenimiento,
tu grey festiva en venturoso turno
al octavo Fernando, y su contento
encumbrad de una vez; alzad la frente
ceñida por amor, en cuyo signo
de hermosura, pudor, poder y gloria
para bien de su historia

cifra Castilla alegre su destino,
y de oriente a occidente
oye tu nombre en Víctores canoros
llenar la inmensidad; mira a las artes
con ricas harpas en sus cuerdas de oro
cantarte a par de tu monarca esposo,
y hacer que a entrambos la ventura diga:
CRISTINA ES MADRE, jubiloso asunto,
voz de entusiasmo que repite Habana,
como fácil, tributo
de su candor y natural dulzura,
que nunca sangre lamentó, ni luto
vistió en obsequio de la guerra dura,
que como ejemplo de valor citara
con lauro impío la feroz Belona,
aprueba sola su ternura clara
de su templada zona
benévola te rinde,
por mas que astuta la impiedad te rinde
su emponzoñada taza, reverente
la lenidad reserva,
Y a tus pies se conserva,
virgen del mundo, América inocente.

Parece que del cielo mana el gozo
que inflama a tantos generosos pechos,
y que preside en sus festivos hechos
la voluntad del Todo-poderoso.
Hete hacia allí la siempre fiel Habana
de cañas coronada y de cafetos,
sencilla amante, aunque calzada de oro,
y en parangón con la firmeza hallada,

mostrando de su amor el gran tesoro.
Mira el vasto lugar por do se crea
cuanto dulzor ofrece: ¿no os encanta
a más de la alma paz que enseñorea
los ámbitos cubanos,
el ver entre magnificas columnas,
jeroglíficos bellos y suntuosos,
ricos emblemas, títulos famosos
hechura de sus goces y fortunas,
observad más y más cuanto embelesan
los himnos de loamos y venturas,
que en estruendosa orquesta y voz sonora
elevan al Señor de las alturas,
la multitud feliz que en Cuba mora?...
Oye en sus patrios lares
del tronante canon los estallidos,
que tornan a la vez tierras y mares,
y a par del esplendor que solemniza
su júbilo encumbrado en alegría,
desde las altas torres a porfía
por juveniles manos sacudidos
los cóncavos metales,
natal, virtud y vida celebrando
gloria a la augusta esposa de Fernando.

Empero a mi también que a tanto unido
largo curso librando el pensamiento,
por donde todo ríe,
dispensadme que placido le guíe
de la ilusión preciosa precedido,
burlando mar y viento hasta do vea
tu imagen celestial, y en vuelo errante

del bello imaginar la alada idea
en giro susurrante,
bajo el dorado techo
Contemplo el fruto que anidó tu pecho;
cual suele verse do nacer me es dado
si claro Sol resplandeciente brilla
al colibrí travieso, si aparece
sobre el florido arbusto en vuelo raudo,
do en rapidísimo batir se mece
sobre ágiles alas rebullendo,
de su peso a la flor liberta esquivo,
en tanto que festivo
fija la vista en la naciente rosa,
y entre el gozo, su luz, y el movimiento,
tornasolando en variedad preciosa
la límpida y brillante vestidura
conque indulgente le agració natura,
ronda y hallando el virginal destello,
susurra contemplando el cáliz bello.

Fuente perenne que a la especie humana
concedes el tesoro de la vida,
virtud tan solo a la mujer cedida
por la suprema mano del Eterno:
allá desde que ufano
el hombre te sacó en Edén ameno,
o el origen te dio para su origen,
bellísima te vi; más nunca atada
mi admiración en ti quedó cifrada,
cual hoy se encumbra viendo
para el sólido español tu efecto obrando,
cuya luz humanal bledad alzando

himeneo y amor la muestra riendo.

Vedla salir de la brillante cuna,
ya de su vida en la mejor mañana,
y con beldad temprana
al templo de la gloria y la fortuna
llenar de gracia y destellante lumbre,
como la estrella primordial del día,
cuando en la cima del oriente se alza,
ornada con la luz de la hermosura,
y en la celeste bóveda se lanza,
llevando sobre toda la natura
por la patria del Sol la primacía;
vedla ante un pueblo que nacer la ha visto,
de aquel patrio cariño siendo objeto
su ventura cifrando en su ventura
y leda en su presencia,
ser bella como es dulce la inocencia.

¡Qué no esperarse puede
de una nación ilustre y alentada,
donosa madre de tan claros hijos?
cuyo amante desvelo solo cede
lo justo no más; sacrificada
con gloria siempre, conservó sus reyes,
sin abrazar más leyes
que aquellas propias al honor plausibles
en Sagunto, y Numancia, y Zaragoza,
aunque selladas de la. suerte impía
el ánimo elevado se alboroza,
allí acordando un memorable día,
grande a los hombres, superior al tiempo...

Mas si los hados corresponden fieles
con cuantos coloridos
tan risueña esperanza nos halaga:
salud, ¡oH España! pues con doble paga
el cielo recompensa tus gemidos,
endulzando las hieles
que sensible apuraste, cuando airada
por tres terribles enemigas veces
hizo la muerte al enlazado trono
sentir el peso de su dura espada;-
mas hoy que resplandeces
tan felices momentos disfrutando,
de amor llevando el galardón en torno
como nuncio de vida y nueva gloria,
haz que en ti goce venturosa historia
la hija de Cristina y de Fernando,
cuya posteridad lleve sus nombres
a los últimos nietos de los hombres.

La Moda o Recreo Semanal del Bello Sexo, sábado 22 de enero de
11 págs. 122-127.

Oda. A la religión

Cuando triste levanto
El alma tierna do el dolor reposa,
Y con vista llorosa
A Dios me eleva, desde el bajo suelo
Rápido subo en alentado vuelo.

Y en éxtasis profundo
El alma siento de mi ser huyendo
Que a su Hacedor rindiendo
Veneración y amor del vano mundo,
Olvida los fugaces devaneos
Y solo a Dios consagra sus deseos.

¡Oh Padre! O Ser supremo
Grande, inmenso, eternal, omnipotente,
exclama en el extremo
Del fervoroso afecto que vehemente
La magnitud concibe y sacra llama,
De amor divino que piedad inflama:

O Religión cristiana
Consuelo siempre dulce al desgraciado,
Que en penas abismado
En ti disipa la aflicción insanas
O Religión de cuyo efecto nace
El bello influjo que a los justos place-.

En niebla sepultado
El pueblo de Israel te suspiraba,

Cuando ya se inspiraba
A tu poder el triunfo destinado
Y en la sangre teñida del cordero
Se alzó tu manto por el orbe entero.

De los tímidos pechos
Las hondas cavidades inflamaste,
Y la verdad grabaste
Por cuanto a vista del espacio es hecho:
Donde quiera le dabas dulcemente
De tu dimanación la excelsa fuente.

Y mientras el tirano
Sacrílego instrumento del infierno,
Indócil al Eterno
Sobre mártires mil lanzó la mano:
Cual Sol de vida en tan brillante cuna
Naciste luz de la mejor fortuna.

Hoy pues tu voz nos guía
Al magnífico pórtico del cielo,
Do se ve sin recelo
La eternidad futura y jerarquía
Del que nos vino para ser amado
Del evangelio y de la cruz armado.

Tú sola lo posible
De los grandes misterios nos revelas
Cuando en las almas velas;
Si hablas al corazón ¡cuan apacible!
Al hombre entonces con tu manto cubres
Y en sus meditaciones te descubres!

Te ve grandiosa, pura,
Llena de mansedumbre y de inocencia
Lozana hasta la esencia
Cándida virgen de sin par ternura
Prevalecer sobre los negros muros
Destinados a incrédulos perjuros.

¡O Dios! o Dios clemente,
Velada en alta majestad gloriosa;
La mente victoriosa
Del mundo redentora omnipotente,
¿Por qué me deja do el pecado nace
Y no contigo que a la gloria pase?

¡Cómo allí contemplara
La divina beldad, y a su ígneo trono
Con más acorde tono
Excelsa Trinidad de amor cantara!
Y al torrente de luz encantadora
¡Rodara el eco de la voz canora!

Mas no; será primero
Que el sacro don de tu bondad respire;
Que en la fierra te admire,
Y a la alba luz del celestial lucero,
Bajo las santas leyes doblegado
En ti me goce siempre consagrado.

Diario de La Habana, viernes 1° de abril de 1831, págs. 1-2.

Soneto. Publicado el día 23 de marzo de 1833

59

Que observo ¡Dios! en la opulenta Habana
Que ya no miro a quien ayer vivía,
No se si llegará la vida mía
A contar los instantes de mañana:

¡O dura situación! ¡O suerte insana,
Que nos preparas en la. tumba fría
En vez de los placeres que otro día...
El horror al que el alma no se allana!

Y ¿qué remedio en tan amargo estado?
O ¿qué consuelo en situación tan dura?
No hay que afligirse; la conciencia pura,

Y venga el mal aunque inesperado:
Que si Dios nos llamare de repente,
Iremos sin pecados dulcemente.

Colección de Poesías, arrendadas por Un Aficionado a las Musas, tomo II.

Romances cubanos

I. El desafío

Por puntos que al honor tocan,
Justo y Basilio violentos
con resolución funesta
quieren medir los aceros.
Separánronse citados,
para que en sangriento duelo
la mejor suerte decida
de su cuestión el objeto.
Cada cual a su caballo
pone el cómodo aparejo,
fuertes cinchas, gurupera,
doble cabezón y freno.
Corre la voz, entre tanto
que el uno y otro dispuestos
los furibundos machetes
ciñen al gallardo cuerpo.
Se asombran los que conocen
de los dos bravos mancebos
el valor, no limitado,
la intrepidez y el denuedo.
Ambos ágiles, fogosos,
en blandir el arma diestros,
en terribles competencias
jamás deslucidos fueron.
Mas el urbano Basilio
sobre su dorado fiero
va a la cita anticipado,
buscando el fijado puesto.
Pica y clava en los hijares

la punzante espuela, y presto
corre el animal brioso,
caliente espuma vertiendo.
Manan sangre sus costados,
mientras que en los ojos fuego
exhala en extraordinario
rebatos calenturiento.
Llega por fin a la falda
de un monte virgen y espeso,
que entre Guayabal y Banes
se levanta en alto cerro.
Ata el caballo, y el puño
en la rica concha puesto,
y al Sol la homicida hoja
brilla cual límpido espejo.
Ya examina el útil filo,
tira un tajo por derecho,
dividiendo en dos mitades
el tronco duro y añejo.
Así a su rival presume
en un decidido encuentro
dejar feroz derribado
por sangre y tierra revuelto.
Mas ay! amor avisado,
alas le dando al deseo,
en vez de Justo a Panchita
le presenta pecho a pecho.
Esta, que al otro ha calmado
con llorosos ojos tiernos,
hace que el celoso amante
vuelva a la vaina el acero.
Y el equivocado juicio

conciliando hasta el extremo,
con voz blanda y halagüeña
extingue su encono fiero.
Basilio las riendas toma
de su dorado violento,
parte y canta esta letrilla
para colmo del suceso.
«Triunfando solare si mismo
su grandeza ostenta el hombre,
siendo de su fama y nombre
arbitro, agente y señor.
Mas probará el heroísmo
de su decidido acero
no cuando esté prisionero
en la cárcel del amor.»

El Pasatiempo, Matanzas, no. 50, martes 22 de julio de 1834.

II. La guajirita

Bajo este sapote erguido
miro la huella estampada
del dueño por quien suspiro
cuando a la vista me falta.
Oh si en la apacible noche
otro Sol me iluminara,
como a su luz infinita
continuamente lo amara!
Aquí le vi entristecido
cuando en secreto me amaba,
donde por calmar sus penas
la oculta llama atizaba.
Ya su pasión comprimida,
bajo el silencio la ahogaba,
en la soledad nutrida,
con la memoria inflamada.
Yo vi su rostro cubierto
de amarillez inhumana,
melancólica y sombría
la juventud marchitada.
Cuantas veces al dejarlo
volví por verle la cara,
y me encontré con su vista
en mi con dolor clavada!
Un suspiro y otro vuelan
midiendo la cruel distancia,
y yo saber no podía
de su quebranto la causa.
Mas cuál fue mi confusión!

cómo quedé tan turbada
al advertir sus mejillas
en lágrimas empapadas!—

«Estas lágrimas, me dijo,
que mi triste rostro bañan,
premiarlas podrás, bien mío,
pues son a ti consagradas...
Descubierto está el secreto
que el corazón me desgarra,
que ya soportar no puedo
de mi amor la grave carga...
Extrañas que llore un hombre
cuando el amor se lo manda.»

Advertida, al desengaño
quise huir precipitada;
y sin saber lo que hacía,
siempre con él me quedaba.
Aquí, porque no muriera,
le di una simple esperanza;
luego con tibieza un sí,
y después una palabra.
Todo en fin por cumplimiento,
todo como en pura chanza;
mas hoy, palpitando en fuego,
el corazón se me abrasa.
Por donde quiera que miro
está su imagen grabada,
porque él le da vida a todo
y sin él no existe nada.
Suspiro, si está conmigo;

siento, si de mí se aparta;
temo, si tarda un instante...
qué concusión tan extraña!
Mas ya de los dos extremos
con que el mismo amor me ataca,
prefiero estar a su lado...
Cielos!... la razón me falta.

El Pasatiempo, Matanzas, no; 52, viernes 25 de julio de 1834.

III. El joven desconocido

Y cuando, fortuna, dime,
terminara la violencia,
con que mi esfuerzo probando,
a suspirar me condenas.
Siempre, común enemiga,
haciéndome horrible guerra,
del tiempo y del infortunio
te di mi constancia a prueba.
Allá en las noches de mayo,
cuando en las vastas florestas
tras un cuculla corría,
feliz me llamaba; y fuera
muy mas feliz todavía
respirando en la inocencia
el aura leve y tranquila
que del pesar nos preserva.
En todo encontraba gozo:
no anhelaba tus finezas;
no envidiaba, al opulento,
ni me aquejaban las penas.
Me visto de placer lleno;
mi tranquilidad te altera,
y en una falsa criatura
alta deidad me presentas
Que al poder irresistible
del atractivo flaquea
mi ya burlada constancia,
y se decide por ella.
Firme pasión la consagro,

tan única como tierna;
mas la ingrata con desdeños
paga todas mis ternezas.
Viles amigos me diste
que mí candor destruyeran;
siempre importunos rivales
que mis días envenenan.
De aquel afecto homicida
rompí las duras cadenas,
en otro tal vez más noble
buscando alivio a mis penas.
Nueva ocasión de contado
tu protección alimenta,
condenándome al combate
de los celos y la ausencia.
Si no te importa mi muerte,
déjame porque no ceda
de tu rencor al exceso;
y si te importa, qué esperas.
Así, sentado a la sombra
de una alta robusta ceiba,
el joven desconocido
al viento esparce sus quejas.
Mas ay! en vano sensible
a lo más alto la eleva,
pues parece decretada
del cielo tan dura pena.

El Pasatiempo, Matanzas, no. 57, 9 de agosto de 1834.

IV. El amante quejoso

73

Con luz mustia y falleciente
tímido finaba el día,
y velada estrella anuncio
da de la noche vecina.
Íbanse a la vez perdiendo
del hombre a la atenta vista,
entre parda sombra envueltos,
pueblo, montaña y campiña.
No del alto Marianao
se ve la estancia florida,
ni en los pomposos frutales
soplara plácida brisa.
Calma ardiente, vaga noche
en todo el orbe se fijan,
y de ella huyendo las gentes
a sus moradas caminan.
Solo al mancebo Basilio
allá lejos se divisa,
del alto puente a un extremo,
do apenas gente trafica.
Silencioso en la alta mura,
sentado el torrente mira,
cuyo raudal sus cristales
por anchas lajas desliza.
Que objeto en tan triste horas,
distante de su familia,
le llevara suspirando
por tan solitarias vías.
Ya no es aquel incansable

labrador que mucho hacía,
ni en su integridad y anhelo
sus ancianos padres fían.
Mustio el semblante, y ajada
la juvenil lozanía,
ni por acaso en sus labios
se ve brillar la sonrisa.
No procura el alimento;
sus intereses olvida;
ni al machete, honrosa prenda,
la pulida concha limpia.
Abandono tan funesto
siente su fiel compañía,
su caballo, a quien por tanto
ni el verde pasto le incita.

Fiero amor! amor terrible!
tú su corazón dominas,
y en abismos de tormentos
le lanzas, le precipitas.
Oh, cuando esquivar pudiste
al alma pura y sencilla
los pesares que suceden
a las primeras delicias!...
Yo te abrazo, a pesar mío,
y una parte de mi vida
diera por no conocerte;
mas es tarde: a tu porfía
no hay humano sentimiento,
no hay valor que bien resista,
ni corazón tan altivo
que no abata tu energía.

Como exhalación ardiente
que hasta las piedras trasmina,
vas al corazón del hombre,
y en él tu morada fijas.
Pobre joven! si mi afecto
te diera la dulce dicha
de ir a suspirar contigo,
Qué de nosotros sería...

El Pasatiempo, Matanzas, no. 58, martes 12 de agosto de 1835.

V. Leonardo y Panchita

Bajo una robusta seiba
que el alto monte domina
y entre dos verdes collados
creciendo, al cielo se empina,
grato Leonardo dichoso
ninguna ventura envidia
porque encuentra la fortuna
en su adorada Panchita.
Ambos a la par sentados
llenos de gozo se miran,
y en ellos cada momento
es un siglo de delicias.
Ya estrecha a su amado dueño
la mano que amor le brinda,
y la aplica sobre el pecho,
do su corazón palpita.—
«¡Oh cuantos placeres, dice,
de una fe correspondida,
nacen cuando el alma en ella
dulce gratitud respira!»
Y entre la emoción sublime
de una esperanza cumplida,
siento un fervor que me alienta
para amante mientras viva.
A ti, consagrado el tiempo
de mi juventud florida,
muera a tus pies, si lo exige
la ley que vivir me priva.
Pero no, mi bien: vivamos

para el amor y las dichas,
yo probando que soy tuyo.

VI. El feliz suceso

Sobre un fogoso dorado
montó el muchacho Basilio,
y hete aquí al alba fresca
al amante guajirito.
Blanco cutis y ojos negros
llenos de mirar festivo,
vivarachuelo semblante,
juvenil destreza y brío.
Puesto a la cinta el machete,
do la plata y oro fino,
perlas, rubios y esmeraldas
lucen con inmenso brillo.
así, pues, de Marianao
corre el polvoso camino,
y en pos va de su adorada
hasta el venturoso sitio.
Llega, y encuentra, a la sombra
de un coposo mamoncillo,
el objeto a cuyas gracias
ha su corazón rendido.
Amor, que en entrambos pechos
ha colocado su nido
y uniendo los dos amantes
un alma así formar quiso;
hace que de gozo hiervan,
y en placeres sumergidos
cada vez, cada mirada
es de su pasión delirio.
Mas ay! la celosa madre

siguió el misterioso trillo,
y a su presencia cual sombra
se apareció de improviso.
Aquí el turbarse sucede,
aquí el verse confundidos,
y aquí el rubor silencioso
cubre el candor femenino,
«Oh madre!... (exclama Panchita)—
A tu licencia el castigo
(dijo la madre) preparo...»—
Tiembla oyéndolo Basilio;
y viendo que las dos parten,
quiere como amante fino
partir con ellas las penas
que ya embargan sus sentidos.
Llegan, por fin, a la casa...
mas cual quedan sorprendidos
al ver que el cura y sus padres
lo reciben con cariño.
Pundonor y obligaciones
reclama el prelado pío,
y el fiel amante a sus ecos
consagra honor y albedrío.
Firme protesta afectuoso
contraste amor y cariño
a su prometida bella,
a quien ya se toman dichos,
y el susto, trocado en gozo,
vuelve a los amantes finos
el dulce amor y contentos
que ya juzgaban perdidos,
y en loor de tal suceso,

cantó esta copla Basilio:—
Recibe las libaciones
que a tu ser en horas buenas
tributan mis ansias, llenas
de plácidas oblaciones.
Y el culto de mis acciones
logren ornarte a porfía
de cuanto bien amor cría
en la calma del reposo,
embriagándonos de gozo
porque al fin ya serás mía.

El Pasatiempo, Matanzas, no. 61, sábado 23 de agosto de 1834.

En la muerte de la Señora doña María de la Luz de Zayas y Justiz

Dame esa lira que enlutó la suerte,
Y en lícito gemir desciende; oh llanto!
Hasta, el sepulcro, y so el funéreo manto
De adusta eternidad, lágrimas vierte.

Ah! parca cruel, inexorable y fuerte,
Deja que llore en tu abismóse espanto.
A la que al ser de la virtud encanto
Fue siempre pía luz ¡oh muerte! ¡oh muerte!

Cuando tu brazo en sepulcral anhelo
Bajo a sumirla en eternal reposo,
¿No viste en cual objeto te cebaste?

Ay! si la vi, pero elevar al cielo
Una Reina, me dices, fue forzoso
Y en ella de virtud Reina encontraste.

Diario de La Habana, lunes 21 de mayo de 1838, pág. 2.

Un sueño

85

A mi Segundo Hermano
Tú, Florencio, que sabes
Las penas que padezco,
Cuan justas y fundadas
Martirizan mí pecho;

Sí, tú que en otros días
Calmabas mis tormentos,
O juntas con las mías
Tus lágrimas corrieron;

Ay! ya que tristemente
Separados nos vemos,
Cada cual por su rumba
Nuevo mundo corriendo;

Que mis versos te lleven
Los colores de un sueño,
Cuyo principio tomo:
Escucha, estime atento.

Confuso y agobiado
De mil pesares lleno,
La soledad buscaba,
De los hombres huyendo

Hacia el vecino monte,
Que de Quintana el cerro
Domina y ameniza

Los lugares internos,

Aproxímeme a un bosque,
Albergue donde suelo,
Conmigo querellando,
Lamentarme en secreto.

No sé si del cansancio,
O del mismo desvelo,
Cerráronse mis ojos
A un dulce y grato sueno,

Quedando así rendido
Entre sus lazos preso;
Mas entre poco rato
Sobre mi espalda, siento

De muy grandiosas plumas
Dos alas, que contemplo
Preciosas y pintadas
De mil colores bellos.

Revuélvalas mil veces
De admiración perplejo,
Sin que alcanzar pudiese
La causa, de este efecto.

Pruebo a volar, y al punto
Las alas rebatiendo,
Del suelo me levanto
Cual pájaro ligero.

Y el aire contractando,
De la tierra me elevo,
Presumido y osado
Por tan vasto elemento.

Ufano contemplaba
Entre la tierra y el cielo
Las portentosas obras
Del alto Ser Supremo.

Las lindes en que tiene
La mar puesta su freno,
El campo de la Luna,
Todo de manchas lleno;

Las causas de la lluvia,
Las de un día sereno,
Las que la ira enfrenan
Del inflamado viento.

Visto tanto en el aire,
Buscaba con anhelo
El centro de la tierra
Para posar mi vuelo.

Recojo los plumajes,
Inclino un poco el pecho,
Y en círculos rondando
Torno a bajar de nuevo;

Desciendo con tino
De Matanzas al seno,

De do la vista fijo
A aquel lugar tremendo.

Donde yertos reposan
Los miserables restos
De aquellos nuestros padres
Que el primer ser nos dieron.

Su vista me horroriza,
Vacilo, me estremezco,
Recordando la causa
De nuestros males fieros.

Allí poso algún tanto,
Mil lágrimas vertiendo
En memoria, aunque vana
De aquellos años tiernos.

Que engolfados pasamos
En inocentes juegos,
Del maternal cariño
Los goces recogiendo.

Yo la sierra veía
Del Palenque soberbio,
El suntuoso Molino
Con sus vastos terrenos.

Sus puras claras linfas,
Sus jardines amenos,
De donde tantas veces
Salí de flores lleno.

Mas, como no podía
Sofocar en mi pecho
Las tiernas impresiones
Del dulce amor fraterno,

Ansioso bajo y hallo
Aquel mi caro objeto,
Como robusto etiope
Los trabajos venciendo.

Le miro, me conoce
Me abraza, yo le beso,
Y oh Dios! entre sus brazos
Sentí crecer mi afecto.

«Huyamos, pues, le dije,
De este recinto horrendo,
Mas terrible a mi vista
Que la del horco mesmo:

»Huyamos, caro hermano,
Partamos por el viento;
Por siempre abandonemos
Nuestro enemigo suelo.»

Entonces cariñoso
En los brazos le estrecho,
Y cual la vez primera,
Las alas rebatiendo,

Aire recojo, y formo

Las columnas de viento
Con que el éter recorren
Los pájaros ligeros.

Levantóme orgulloso,
Torno a volar de nuevo,
Mas alegre y ufano
Con mi amoroso peso.

Feliz atravesaba
Poblados y desiertos;
Sobre los anchos mares
Soberbio me recreo.
Al ver bajo mi vista
Tantos puntos diversos,
Ya libre por el aire
Me sublimo y excelso

Me tramonto y me juzgo
Gran Señor de los vientos,
Vendóme atrás, dejando
De América los pueblos;

Tal ya me figuraba
Con sublimado vuelo
Hallar entre las nubes
Algún seguro puesto.

Me afano y sobrepujo
Los encontrados vientos
Perdiéndome a la vista
Del lince más atento

Y a disfrutar aspiro
Los cánticos del cielo...
Mas ay! en un instante
Todo el espacio veo,

De tan claro y hermoso,
De tan manso y sereno,
Tornarse en noche oscura,
Bramar el noto horrendo.

Rugir el mar abajo,
Tronar arriba el cielo,
Correr los torbellinos
A impulsos de los vientos,

Relámpagos continuos
En sus choques vertiendo,
Y en horrorosa guerra
Todos los elementos.

En tan triste conflicto
De confusión me lleno,
Por los aires perdido
Sin auxilio ni medio

De salvar, no mi vida
Sino la del que veo
Próximo a padecer,
Cual Icaro el despeño.

Entonces, Oh Dios mió!

Retronando y rugiendo,
De tu terrible diestra,
Con ímpetu violento...

Un rayo se desprende,
Cuyo ruidoso estruendo,
Cuyo estallido horrible
Me sorprende, y despierto,

Buscando entre mis brazos
Lo que llevó mi sueño

Y aunque a mi vista es hoy
Claro el día y sereno.
En los males pasados
Dudarás que me veo?

El Álbum, La Habana, noviembre de 1838, t. VII, págs. 115-127.

A Jesús en la cruz. Octavas

La redondez del mundo contemplando
Alzase el Sol en transparente nube,
Y Osana el pueblo de Israel cantando
De gloria el eco hasta el empíreo sube:
¡Día de predicción en que ostentando
Miro en tu seno al celestial querube
Y en ígneo Trono su clemencia santa!
¿Y por qué me llenas de amargura tanta?

Mas ya la causa mísera adivino:
Hoy la voz infalible del Profeta
Que demarcó este día en el destino
Se manifiesta en la verdad perfecta:
Pierde el Sol la lumbrera de su sino,
Súbito luce funeral cometa,
Y so aquel mundo con horror profundo
Algo señala sorprendente al mundo.

Y eres ¡O Redentor del Universo!
A quien allí del Gólgota pendiente,
Contemplo sometido de un perverso
Pueblo a la indignación que acusa y miente?
Eres Jesús quien al destino adverso
Tan grande humilla la Divina frente,
Y de la ingratitud víctima fuistes
Por bien del hombre y a la Cruz subistes?

¿Para qué interrogar? Tan alta prueba
De irrevocable amor, es por ventura,

Obra de un ente que consigo lleva
El título de hombre en la natura?...

¿Hay sin ser Dios quien afrontar se atreva
La alzoña, tormentos y amargura
Con que en Jerusalén se alzó el infierno
Para inmolar al hijo del Eterno?

No le encuentro ni existe sobre todo
Cuando ha sido y será desde aquel día,
Que te viera morir, y de tal modo
A la posteridad el hecho envía:
Tu sangre al confundirse con el lodo
Los mares y la tierra bendecía,
Cual si vertiera sobre el hombre mismo
Las deliciosas gracias del bautismo.

Así cuanto llena a el mundo todo.
Con tu muerte y pasión fue redimido,
El hombre de las garras arrancado
Del infernal poder no es ya perdido:
Y de esta vida a gloria levantado
Inmortal le contemplo, esclarecido,
Pues de su culpa el venenoso cangre
Sanóse en la pierna de su sangre.

Y porque queda piedra sobre piedra
Cuando te privan de vital aliento!...
¡Por qué la muerte tu piedad no arredra
Cuando se emplaza tan terrible intento!...
¡Por qué dócil y fácil cual la yedra
A quien arrolla en su tortura el viento,

Te dejas abatir de gente impía
A quien solo tu aliento abrasaría!

¡Ejemplo de humildad! Dios de los justos,
Quisistes ser, ¡oh angélico cordero!
Cuyo poder divino ya entre arbustos
Contigo consagrastes a un madero;
A un madero, do todos los disgustos
De la maledicencia y dolor fiero,
Jamás pudieron conseguir que altivo
Del sufrimiento te apartases vivo.

Signo de redención, emblema nudo
De caridad, e inagotable fuente,
Donde encuentra el cristiano cuanto pudo
De su inmenso hacedor la excelsa mente;
A ti por siempre indisoluble nudo
me lleve unido, y el amor ardiente
Con que probaste al hombre tu ternura
Mis juicios guíe a tu eterna ventura.

Diario de La Habana, viernes 9 de abril de 1841, pág. 2.

El juramento

A Lesbia
La amistad y el amor son dos consuelos
Que nos dispensa en medio de los males,
La benigna influencia de los cielos.
Arriaza

Amor púdico, casto y permanente,
Sentimiento inviolable en que me abrazo,
Delicioso placer, dulce regazo
Del corazón sensible e inocente.
Si algún mortal ante tus aras pudo,
Consagrar sus afectos de ternura,
Para facilitar a un alma fura,
Con quien la uniera indisoluble nudo;
Ahora los míos recibid en tanto,
Que un tierno ardor ante tu faz sustento:
Y arrobado el espíritu levanto,
Para prestarte un noble pensamiento.
Y a la faz de ese mundo donde abriste
De la naturaleza el ancho libro,
Para gloria del hombre a quien le diste
El don de contemplarla, es donde libro
Las tiernas oblaciones que producen
Los afectos sensibles en un alma
Cuyas aspiraciones se traslucen
A par de amor en cariñosa calma.
Benigno me escuchad, y haced que ufano
Con el poder de toda su influencia,
Premio de Lesbia la preciosa mano:

Favor a su beldad Dios de clemencia
Que ella es un ángel que encierra
Las virtudes de la cruz
Porque la maldad destierra,
Porque apareció en la tierra
Para alumbrar con su luz o
Toda la existencia mía.
Y hará lucir para mi frente un día
De la felicidad la autora fiel
Sin que en los pliegues de la duda impía
Me oculte el porvenir un golpe cruel.
Y la amaré por que constantemente,
Bullendo está mi amante corazón
En su existir valioso que es la fuente,
De donde mana mi eternal pasión.
Y tú, mi único bien, por cuanto llenas
De tanta fe mis días venturados,
Puedan mis tiernos brazos las cadenas
Que nos unen doblar, y transportados,
A una esfera de amor dos corazones
Que aquí se unieron para ser dichosos
Numerando sus días amorosos
Contemplarse entre amantes ilusiones.
Amante posesión con que fortuna
Me ha sonreído plácida una vez!
Lucir propicia a la inocente cuna,
En que estribada mi existencia ves.
Y de felicidad regad mil flores
Que colorea mi suerte hasta el confín,
Donde trisquen los candidos amores
En bosques de rosales y jazmín.
Genios informes que del orco horrendo

Las violentas pasiones nos levantan,
Ir lejos siempre de la edad que emprendo:
Si en las tartáreas que el horror encantan
Por desventura os condenó la suerte,
A dar guerra a los míseros mortales
Para sembrar el odio, llanto y muerte:
Respetad los pacíficos umbrales
Que sustentan el alma que yo adoro,
Que al notar en su precio mí tesoro
Bien podré repetir sin desvarío.
Ángel consolador de mi amargura:
fuente perenne del contento mío.
La amistad y el amor son dos consuelos
Que nos dispensa en medio de los males
La benigna influencia de los cielos.
Divina emanación perfecta hechura
De las manos del ser omnipotente,
Centro del bien a quien rendido canto,
Tú serás el objeto sacrosanto
De mi eterna pasión! tú quien la mente
Me haces alzar al numen de la gloria,
Y más allá del reino prometido
Contemplar del Señor la faz triunfante,
Y ante su excelsa majestad brillante
Bendecir el momento en que he nacido.
Empero nunca de malignos ojos
Profanados serán los castos nudos
Que nos unen sin fin, pues sus arroja
Evitaran mis labios siempre mudos
Para nombrarla, si, que mucho importa,
En profundo silencio conservarlo;
Y antes que débil pueda pronunciarlo,

Séame infausto el Sol, la vida corta.
Mas si benigno el cielo a mi deseo
Término pone, y venturoso un día,
Puedo ofrecerte con la dicha mía
Cuanto brindan las aras de himeneo:
Entonces reiterando el juramento
Que en galardón acabo de ofrecerte
Mis ecos aun dirán, hasta la muerte:
Inmutable hallaras mi pensamiento
Pues si yo quebrantare mi contrato
Si otro deleite en mi adición concibo,
Que la diestra de Dios en rayo vivo
Descienda a consumirme en aquel acto.
Per ay de mi! si so cualquier protesto
Lesbia te viere veleidosa y fría,
Comparando tu cuna con la mía
Y un olvido tal vez!... no juro en esto...
Ni aun respondo de mí... Lesbia querida,
Perdona, sí, perdona que en los vuelos
De mi ardiente pasión, toquen los celos,
Y toma en cambio el resto de mi vida,
Que amor constante con sus alas cubra,
Y el velo del misterio no descubra.

1828

La Prensa, viernes 22 de julio de 1842, no. 87, pág. 4.

Templó la lira el dolor

Templó la lira el dolor
Para llorarle en la huesa,
Porque en la tumba se expresa
Con más vehemencia el amor.

Cesó el lúgubre tañido
De los cóncavos metales...
¡Y era el último cumplido
Hecho a un viviente perdido
Del seno de los mortales!

Mas nunca el doliente canto
Se desvanezca en el viento,
Porque los ecos del llanto
Siguen al justo, y al santo
un eterno pavimento.

Y yo que entre los buenos colocado
Te he visto, LARA, ¡oh LARA generoso!
Siendo en fus obras de virtud dechado,
¿Hoy nombrarte podré sin que el sollozo
Presidiendo a la voz diga doliente
En gloria yace y eternal reposo?

Jamás; porque al sabio en cuya mente
Brilló la caridad, y de ello supo
Los dones repartir con celo ardiente
Ante el reino de Dios por si le cupo
Llegar de bendiciones precedido

Como escogida flor del santo grupo.

Si: ya te alejas del suelo confundido,
Dejando la morada donde el pobre
Te busca en vano entre dolor sumido:
¿Y quien habrá que a su indigencia sobre,
Remediando sus males, cual lo hacías;
Ni quien ya tantas caridades obre?
Yo nada te debí en aquellos días
Que a tanto y tantos tristes consolabas
Y con ellos tus bienes repartías;
Pero algo también en mi dejabas,
Y esto era el ejemplo delicioso
De la hermosa piedad que me inspirabas.

Mas tronando el destino inclemente
En los atrios del santo vergel
Sorprendió con la parca cruel
El pastor del rebaño indigente:
Espirante aquel grupo te vio
Y del templo en los pórticos gime;
Cada cual en su pecho comprime
Las reliquias del bien que perdió.
Y es el lloro que baña sus mejillas
Otra cosa que el fruto sazonado
Premio del labrador que ha cultivado
En fructífera tierra las semillas
De eterna producción, amor y gloria
Que coronan del justo la memoria:
¡Ofrendas del dolor!... mas pocas veces
En los puntuosos túmulos halladas;
Pues con las vanidades desplegadas

No brinda la virtud tan justas preces.

¿Qué es la misión de un prelado
En el seno de su grey?—
Ser con Cristo ante la ley
Perfectamente hermanado,
Y con la cruz enlazado
Como el vástago y la flor,
Elevarse ante el Señor,
Siendo con su Majestad,
Lumbre de la Eternidad,
Imagen del Redentor.

¿Quién otro ejemplo no admiró en los días
Que diversos curatos ocupando,
Fuistes do quiera de bondad dejando
Señalados presentes de obras pías...?
Dígalos Cayajabos campesino
Donde un templo decora su memoria
Con noble rasgo, generoso, y digno
De ocupar una página en la historia
Pruébelo en su favor el Santo Ángel
Hermoseado a su impulso y reerijido
Como si a hacerlo hubiese descendido
En forma humana celestial arcángel;
Y la iglesia Salud de Guadalupe,
Donde en su ministerio concentrado
Al seno de los justos fue llamado.

Ayer fue y dejó de ser,
LARA, tu hermosa existencia;
Fuistes la flor del placer

Que terminó con su esencia.

Si hay un recuerdo en la tumba
Que no acaba con la muerte,
Si allí un resto de hombre advierte
Algún eco que retumba;
Oye ¡Oh LARA! el de mi amor
y recopila en tu mente,
Con lo pasado y presente,
La vista del Creador.

Y cuando en la eternidad
Con Dios por siempre te encantes,
Y entre los querubes cantes
Felice inmortalidad;
Y cuando al Empíreo suba
Muestro acento prolongado,
Concibe lo que has grabado
En el corazón de Cuba.

Llanto, y llanto no mas tus patrios lares
Te ofrecen por sus ninfas y cantores,
Y en los campos do fueron tus amores
Llanto y luto repite el Almendares,
Y llanto sueña en los vecinos mares.

Corona fúnebre consagrada a la tierna memoria del Pbro. don Ma-
nuel de Lara y Cadalso, Cura Párroco de la Iglesia de Guadalupe.
La Habana. Impr. de don José Boloña. 1842 (págs. 1-4).

La mentira

105

Insidiosa, sañuda, siempre alegre,
Persigue a los mortales la mentira
Que como infausta la impiedad le inspira,
Y a la virtud sin vacilar se atreve:

Su aliento solo en mancillar se embebe
Cuanto por justo la verdad admira;
Pues donde quiera que un lugar espira
A la próvida vida guerra mueve.

así no pocas veces triunfadora
Pisa y maltrata a la honradez más pura,
Que envuelve en los dobleces de su mente;

Y la inocencia entonces gemidora,
Consumida de penas y amargura,
Al cielo ofrece su dolor y llanto.

Faro Industrial de La Habana, no. 298, jueves 26 de octubre de
1843, pág. 3.

Oda (Atribuido a Manzano)

En la Noche De Mi Cumple-Años
Casto silencio, pavorosa noche,
Donde naturaleza al alma grave
Convida a meditar. Numen adusto,
Noche del desgraciado que en tu seno,
A su triste pesar abandonado,
En ti busca, en ti clama, en ti suspira,
Cruel, una edad al angustiado pecho
Que a reír y gozar está alejado:
¡Cuanto pavor en torno me rodea!...
¡Qué densa oscuridad!... ¡Que hórrido aspecto
Desde el cielo a la tierra condecora
Su tétrica ilusión!... Ninguna estrella
Luce en la redondez del negro cielo,
Todo gime infeliz, y luto inmenso
Viste naturaleza ante mis ojos
Agrupados de lágrimas ardientes:
Oscuridad, pavor, rumor confuso
De sordo trueno en la distante esfera
Siento rodando, y la rasgada nube
Vierte vivísima luciente sierpe,
Que entre lívida luz relampagueando
Hiera impaciente el tenebroso velo
De esta noche infeliz envuelta en luto,
Mas no bien nace, cuando ya fenece.
La tierra en majestuosa pesadumbre
Calor exhala, y con ardiente calma
Yacer parece en el profundo caos,

Parecía decir con voz risueña

Parecía decir con voz risueña:
«Mortales venturosos, levantaos
A vivir y gozar en vuestro día.»
Yo el primero volé... ¿Do está la cuna
Del prometido bien...? Sueño importuno,
Delirio miserable del deseo
Fue todo para mí, todo apariencia
De una esperanza frágil e ilusoria.

Empero nunca con mayor dureza
La rigorosa mano del destino
Desplomada sentí sobre este pecho,
Que oprimido del peso apenas puede
Suspirar su gemir ¡Gran Dios! ¿Qué es esto?
¿Tanto importa mi lágrima a la tierra,
Que a regarla me encuentro condenado
Con el humor de los llorosos ojos...?
¿Y nunca, nunca lazonado el fruto
De ventura y de paz veré en mis manos?
Siempre amargura, insoportable tedio,
Sediente beberé...? Nunca a la sombra
Del dorado artesón que regio ostenta
La prepotencia del poder sublime
Mi pecho gozará... ¿Ni un solo día
Podrá brillar benéfico y clemente
Para quien tanto en tu verdad confía?
Del cruel destino al inclemente extremo
¿Por siempre gemiré...? ¿Por siempre atado
Al indócil torrente de la suerte

Siguiendo iré la turba y triste carro,
Donde la pertinaz fortuna adversa
Veloz me lleva a la insociable rueda,
Siempre abatiendo con nervudos trazos
Mi débil corazón...?
Por mí pasaron
Ya veinte y ocho junios desde el día
que me ha dado nacer. ¿Y cuál de tantos
No llevó de mis lágrimas tributo?
¡Oh noche de mi edad! en ti recuerdo
La sombra cruel de aquella en que indefenso,
Hostigado, medroso, sin consuelo,
Casi en las garras ya del infortunio,
Lleno de espanto, y de pavor huyendo,
Lloraba huyendo las memorias tristes
De mis queridos padres en la tumba.
Tú, Matanzas, le has dado sepultura,
En tu reposan las cenizas frías
Que amor filial en arrasante lloro
En vano humedeció. Mas desde entonces
Hasta este tiempo, la feroz desgracia
Sigue mis huellas con mortal empeño,
Do quier me aqueja, y en su ley sumiso
Pasan y vuelven los ligeros años,
May ay! ninguno favorable y bello.

Inclinase mi frente hacia la tierra
En hondo meditar siempre abismada,
Mientras que de su vasta pesadumbre
Nace la burla pérfida del necio,
Y de las almas a sentir negadas:
Nacen empero de los pensamientos

Mil vanas conjeturas, mil cautelas
Indignas de su luz e inteligencia,
Indignas de mi amor al hombre bueno,
Que mi sentir penetra... ¡Ay! si les fuera
Bajo este pardo cutis que me cubre
Dado quitar mi corazón sensible,
Vieran turbados las profundas huellas
Del dolor que imprimieron en su masa
Feroz filosofía! tu en mi pecho
Ardiste y te adoré, y tú a mi cuello
La oprobiosa cadena elabonaste;
La vi fatal y la besé sumiso,
Doblegándome al peso de los males
Por mas que el animo constante y firme,
Grande cual mi amargura favorece
Del genio puro la elocuente llama.
Junto al rubio cabello el cano luce;
Luce, y florida la cabeza, es toda
Crepúsculo infeliz que en este mundo
Me asegura cuan cerca estoy del otro...
Cumple, noche fatal, tu breve curso;
Y cuando el manto lóbrego suspendas
Dejando el mundo en tu final descenso,
Suspira, oh noche! y mi postrer aliento
Del Ser-Supremo a la mansión eleva.

La Moda o Recreo Semanal del Bello Sexo, sábado 30 de abril de 1831, págs. 348-351.

En la muerte del señor don Nicolás de Cárdenas y Manzano

Cada cual en el camino
que hasta la tumba nos lleva
coge en el reino de Dios
el fruto de lo que siembra.

Soneto (Atribuido a Manzano)

115

Ya que el triste finar, la ley severa,
con que a la tumba nuestro ser camina,
Hoy una losa funeral destina,
¡Oh! Nicolás a tu bondad sincera:

Callar ¡oh! Dios! mi gratitud pudiera
La justa compasión con que domina
Un intenso sentir, al que combina
Como en vez de llorar vida te diera!

Jamás, jamás; la eternidad sus alas
Para siempre te abrió, tu patrio suelo
Te pierde lamentando en la partida...

Dormir en paz... en las eternas salas...
Mas allá del sepulcro, y aun del cielo
La bendición del justo te presida.

Diario de La Habana, viernes 19 de febrero de 1841, pág. 2.
Soneto publicado a la muerte de Nicolás de Cárdenas, sin firma.

Libros a la carta

A la carta es un servicio especializado para

empresas,

librerías,

bibliotecas,

editoriales

y centros de enseñanza;

y permite confeccionar libros que, por su formato y concepción, sirven a los propósitos más específicos de estas instituciones.

Las empresas nos encargan ediciones personalizadas para marketing editorial o para regalos institucionales. Y los interesados solicitan, a título personal, ediciones antiguas, o no disponibles en el mercado; y las acompañan con notas y comentarios críticos.

Las ediciones tienen como apoyo un libro de estilo con todo tipo de referencias sobre los criterios de tratamiento tipográfico aplicados a nuestros libros que puede ser consultado en Linkgua-ediciones.com.

Linkgua edita por encargo diferentes versiones de una misma obra con distintos tratamientos ortotipográficos (actualizaciones de carácter divulgativo de un clásico, o versiones estrictamente fieles a la edición original de referencia).

Este servicio de ediciones a la carta le permitirá, si usted se dedica a la enseñanza, tener una forma de hacer pública su interpretación de un texto y, sobre una versión digitalizada «base», usted podrá introducir interpretaciones del texto fuente. Es un tópico que los profesores denuncien en clase los desmanes de una edición, o vayan comentando errores de interpretación de un texto y esta es una solución útil a esa necesidad del mundo académico.

Asimismo publicamos de manera sistemática, en un mismo catálogo, tesis doctorales y actas de congresos académicos, que son distribuidas a través de nuestra Web.

El servicio de «libros a la carta» funciona de dos formas.

1. Tenemos un fondo de libros digitalizados que usted puede personalizar en tiradas de al menos cinco ejemplares. Estas personalizaciones pueden ser de todo tipo: añadir notas de clase para uso de un grupo de estudiantes, introducir logos corporativos para uso con fines de marketing empresarial, etc. etc.

2. Buscamos libros descatalogados de otras editoriales y los reeditamos en tiradas cortas a petición de un cliente.